신 광 호 시집

우리가 사랑해야 할 사랑

신 광 호 시집

우리가 사랑해야 할 사랑

도서출판 진실한 사람들

▌시인의 말

진실한 사람들에서 시집을 낸다고 해서 그러기로 했는데 과작이다 보니 걱정이 되었다. 이 시집에는 2010년에 상재한 시집 《티파니 하늘색》 이후 4년간의 작품들이 묶여 있다. 내 시를 아껴주는 미지의 독자들에게 사랑의 인사라는 생각에서였으니 이해해 주시기 바란다.

평소 자상하게 이끌어주시는 박이도 선배님, 이 시집의 표지화 '단풍은 여전히 진행되고 있었다'를 선듯 내어주신 이석우 학형께 고마운 말씀을 드린다. 1981년에 경희대 교육대학원에서 스승과 제자로 만난 최동호 교수님의 은혜를 간직하고 있다. 문예비전 편집위원으로 작품 감상과 평설을 쓰신 박성철 시인께 감사드린다.

이 시집을 내는데 각별한 관심과 성원을 주신 〈진실한 사람들〉의 김주안 대표와 박장규 목사님, 캐나다에서 수학중인 박진실 님, 동대문문인협회와 문예비전 친구들에게 감사를 드린다.

사랑하는 이 지상을 보다 아름답게 자유롭게 만드는 일에 보탬이 되는 작은 목소리이길 희망하며 정식으로 문단에 나온지 36년이 된다. 사랑하는 나의 독자들께 하느님의 은총이 함께 하시길 기원한다.

'가을날 새벽길에' 나는 돌아보는 그리움을 만났다.

'지금도 시가 되나' 묵은 펜을 세워보시던 그분의 길을 따르고 싶다. 하늘의 그분은 '우리가 사랑해야 할 사랑', '내가 사랑해야 할 생명'!

2014년 가을

신 광 호

차 례

제 1 부

제 2 부

제 3 부

제 4 부

제 5 부 부록

제 1 부

안개는 사랑인 거에

가을날 새벽길에

가을날 새벽길에
병아리색 모과열매 두 개 주머니에 넣으며
눈 들어 무지갯빛 물든 언덕을
내 영혼의 상처이듯 바라본다
만나고 싶은 좋은 사람이 있어
이 가을 기쁨으로 가득 차지만
마지막 하고 싶은 말
오랜 기억으로 전해 들으니
생각하게 해서 미안하다

가을날 새벽길에
내 추억의 향기 두어 잔 함께 마셔 본다
풀벌레 소리가 요란히 기다렸다는 듯이
울리는 맛이구나
아직 만나지 않은
좋은 사람
오는 가을을 가득하게 하는 기쁨이라고
바람결의 자유처럼
산 깊은 외로움처럼.

안개는 사랑인 거에

안개 위에서
지나가는 그리움을 내려다본다
안개가 잠들면
별들은 하얀 얼음 벌판 위에 살포시 내려와
더 넓게 펼쳐진다

불꽃들이 가로수로 피어나는데
아파트는 불꽃놀이로 지새는데
눈 위를 달리는 차량은 하얀 불꽃들을 달고

안개 없는 찻길에선
빨강 초록 노랑불이 반짝이며 늘어서 있다

경부 고속도로를 달리는 차량들은 씩씩하다
호수는 어둠 속 잠들고
용인 수원 나들이 길은 모두 안개에 싸여

지금은 여명의 때
남으로 북으로 달리는 차량들
안개가 넓게 땅을 덮으며 현란했던 가로등은 모두 꺼지고
신호등만 남은 채
짙푸른 나무 아래엔 호수
동으로 남으로 물줄기 위 솟아나는 구름은
호수의 가슴 가운데 불꽃인가
먼 데서 온 바람의 하얀 율동인가
모든 것을 감싸안고 용서하는
안개는 신의 사랑인 거에.

학해(學海)

-다시 바다에 섬은

바다에 오는 것은
바다를 떠나 자랐기 때문이다
바다를 몰랐기 때문이다
우리가 오늘 파도에 서는 것은
바다를 이루는 것이 무엇인가
소금기 배인 눈물을 흘리고 싶어서
바다 말씀을 깨닫고 싶어서.

작은 소망

-박태진 시인

광화문 네거리 옆에서
하루 종일 바라보지 못한
광화문과 네거리를 지켜보지 못한 나의 작업
노시인은 말한다
네거리 찻집에 앉아
바라보고 시를 쓰고 싶은 소망을

그러나 나는 혼자 미끌어진다
감자꽃은 못 보고, 서울 감자탕이나 들고
무주구천동이나 삼천포로 헤매고.

그분의 멋과는 멀리
그 설렘에서 떠난
대동강에 두고 온 〈말의 현장〉
추억을 버린 그 깊은 이야기 시 같은.

섬 사이에

섬나라 찾아가다
섬 사이에 사람인 내가 있다
곰의 자손 검은 머리털의.

비 구름 바람
검푸른 바다는 누가 펼쳐 놓아
바닷길 저쪽 둘러싸인
맑은 햇살 아래
사랑스런 섬 언덕 돌보아 왔나
검푸른 바다 물결 출렁임이
7월에 태어난 아내와 같이
힘차게 말 달리며
옷깃 적시며 살아온 역사의 언덕

얕은 바다에 이르러
아이 어른 모두 물안경 쓰고 물고기와 노는 걸
뱃전에서 바라보네
섬나라 오색 바다와 푸른 물결 출렁임
사람인 내가 섬 사이에서.

신갈 저수지

신갈 오거리 강남병원에서 탈장수술을 마치고 나오면서
아버지 생각에 잠겼다
6·25 사변(동란)(너희들은 전쟁이라고 떼를 쓰는),
1·4 후퇴
모현면에서 머물다 송전을 거쳐 안성으로 피난
이듬해 신갈국민학교 정문을 들어서던 바로 그곳
예방주사와 디디티 도포
우리 양주군 주민들이 많이 거쳐갔다(이진수 국회의원이 와서 주민들을 위문했다나)
서울을 향해 걷던 길에 할아버지 일행을 만났다
잠시 쉬는 사이, 미군병사 한 명이 와서 지팡이를 보며 신기해 했다
할아버지께서 웃으시며 내어주셨다
기흥 호수공원이라 이름 바꾼
신갈 오거리 옆 조정경기장이라는 여기 푸른 물의 동네.

먹구름이 솟는다

바다낚시 배에 오르다
작은 물방울들이
얼음알갱이들이 모여들어
흰색 구름을 만들어내더니
한낮을 지나 돌아오는 배
필리핀 세부 섬 일대에 초록 언덕을
산의 모습으로 검게 오르는 구름
소나기 구름
옛날 구름들의 모습을 뚫고
검은 네모 구름기둥이 수직으로
승천하는
다국적 위기시대
우리 인연을 일깨우며
태초의 은하계로 솟아오른다
먹구름이.

-2011. 7. 21-25 필리핀 CEBU

그리운 생각의 산길을 간다

- 金裕貞 문학촌에서

내가 싫어하면서 인연이란
어쩔 수 없는 숙명(宿命) 같은 거
젊은 날에 안은 꿈 피하지 못한 채
남긴 발자국 본다

비 내린 뒤 강원 춘천 신남역 자리
새로 그려 올린
김유정 이름 맑은 한낮
간직한 거 없이 문학촌에 들려

지난 잡지와 신문, 새로 찍은 책들을 견학하는데
아! 무슨 일일까
내 잡지 기자시절 취재차 만난 어른
판소리 여인이 사진으로 어린 그를 위무(慰撫)하느니
〈봄 · 봄〉, 〈동백꽃〉, 〈소낙비〉 - 아름다운 김유정

엊그제 잠결에 흐른 노래
산길에 그리운 이.

산호초(珊湖礁) 노래

태국 시간 저녁 8:00 (서울 저녁 10시)
이륙한 비행기는 東으로 날고….

별빛 가라앉은 시가지 위를 지나며 오랫동안 멀리 보이는
별빛으로 반짝이는 도시들의 행렬
새벽 0시를 지나
검푸른 바다 속에서도
고기잡이배들이 밤을 노래한다
새벽하늘은
우리 떠난 뒤에도
우리의 죽음 후에도 이럴까
지구는 지켜주겠지……. 그 옛날 천당에 갔던 목사님.

이산(怡山) 김광섭(金珖燮) 은사님의 시 〈산호 캐러 가다〉를 낭송한다

"갈매기 나래를 얻어
푸른 東海바다를 날다.

바다가 안긴 하늘ㅅ가 地平線
영원히 비장된 세계로 향하다가

바위에 부닥치는 흰물결 속으로
나는 빠져서 빠져서 들어간다.

하늘은 푸르고 바다도 푸르고
물결도 푸르고 마음도 푸른 날."

(하략)

하늘색 읽다

- 세월호 참사에

내 무덤 앞에서 울지 말아요
나는 거기에 없어요. 나는 잠들지 않아요
나는 무르익은 곡식을 비추는 햇빛이며,
부드러운 가을비에요
나는 천 개의 바람
천 개의 바람이 되었죠
나는 눈 위에 반짝이는 다이아몬드
나는 천 개의 바람이에요
제발 내 무덤가에서 울지 말아요
나는 거기에 없어요. 죽지 않았어요
나는 하늘을 나는 종달새이며
밤하늘에 빛나는 별이에요

- 메리 엘리자베스 프레이(1905~2004)
〈나는 천 개의 바람이에요〉에서

유리창 아래 빗물이 맺혀
내 눈물보다 알알이
두 손 모을 때
아침 노을이
회색 구름들을 안아주며
검은 서해로 비쳐가며
나의 두 손은 더 넓게
내 어린 동생들을
내 어린 아이들의 마음을 적는다

초라한 나의 기도가
이제까지도 (멀리 떠나간 이들 위해)
부질없었다고
좀더 넓게 넓게 메아리지도록
쉬지 않고
너와 나의 하늘색
그 사랑 안에
자유롭고 정의로운
대한민국 형제 자매들 안녕을 위하여
이제와 영원히

사랑의 방향

이곳에 살아남기 위하여
내 조상이 만든 말과 글자로 노래하기 위하여
나의 8·15와 6·25와 4·19와 5·16과
4월과 5월과 6월과
나의 사랑을 노래하기 위하여
이제 나도 말하기 위하여
너희들의 외면을 예감하며 무릎꿇기 위하여
서명이 차마 부끄럽구나

인쇄소 드나들며 맥주 한잔 들던
젊은 시절 그립구나
〈풀〉이 어디로 고개 들고,
〈성북동 비둘기〉 은사님 생각,
〈서시〉의 시낭송회 밤, 인생삼락이 부러워
〈고마운 흙〉에서 살자는 마당에.

2009년 7월 29일, 방콕

360도 돌아간다는 회전 전망대
88빌딩에서 내려다 본 방콕 저녁
자연 속에 인간이 세운
흘러가는 세계인의 흐름의 역사라고

넓은 투명 유리창이 불안하기만 한데
젊은이, 아이들은 그 앞에서 두려움이 없어 보인다
움직이며 춤추며 뛰어놀듯 온몸 짓으로 내려다본다
(걱정하는 어른들의 목소리를, 눈길을 지나치며)
산호군체의 분비물이나 뼈 따위가 쌓여서 이루어진
석회질 암초, 나뭇가지처럼 생긴
산호의 뼈에라도 오르려는듯.

섬세한 관심

태양은, 서쪽으로 넘어가려는
지구마을의 등대
나는 그를 향하는 한 마리의 새
우리의 산과 하얀 달은
어디서 봐도 같다

바다 위를 날아도
안개 속 어둠을 가르며 날아도
언제나 서쪽으로 넘는 해를 향하는
내 끝없는 날개여.
물 속 깨끗한 집들
방향을 돌리면 왼쪽엔 푸른 파도의 섬
구름 속에 담긴 태양 빛

따렌 공항엔 붉은 줄 그은 군인들
반세기 전 우리 소설가 한 분의
은행나무 숲은 어디쯤일까.

北京 백양나무 길을
자전거로 달리는 젊은 남녀들
웃통 벗고 모여 웃는
장마 뒤의 풍경을 모처럼 만난다
섬세한 관심을 기울이며.

-한국 문협 제2회 해외문학 심포지움 참가

'멀리 보면 어지럽지 않다'

- 황금찬 선생님

2013년 11월 1일, 시의 날
〈문학의 집 · 서울〉 에서 인사 드렸다
시집 표제로 〈하늘색 읽다〉를 고르시고 웃으신다
황 선생님을 처음 가까이 뵙기는 70년대의 일
성동구에 있는 대학에서
'에세이' 와 '미셀러니' 질문하던 기억.

어려운 시기에 한글회관에서 하신 말씀
웃으시며 대답하신다
황 선생님의 강연은 〈작은 꽃다발〉이 되어
꿈속에 찾아왔다
나는 1998년 사랑방 시낭송회 등에서 발표하였다

〈작은 꽃다발〉
길섶 어두운 언덕길
황 시인의 울음이 들리는가
무덤으로 뚫린 밤알만한 틈새로 긴 빛이 들어가면
누운 여인의 왼쪽 하얀 감자더미

그대 눈을 떠 로미오와 줄리엣을 부르네
날이 밝으면
긴 머리카락 미래의 시인도
사랑을 증언하지만, 6·25와 IMF 시기는 차멀미
노 시인은 큰 이마를 반짝이며
'멀리 보면 어지럽지 않다!'
산꼭대기를 가리킨다

사랑이란 무엇인가, 죽음이란
하나님은 어떻게 아느냐
작은 꽃다발 묶어 주신다

첫눈의 노래

첫눈이 내린다
이 하늘과 저 하늘에서
공중을 날아 벌판을 거쳐
춤추며 다가온다
무우꽃 연초록 솟아오르는
창문 앞에서
민선이가 노래 부르는 공세초등 교가
'아름다운 기흥호수 맑은 물…
사계절 푸른 숲 바람소리…'

첫눈이 내리는 고속도로 바라본다
눈내린 아침 아버지가 화로에 밤을 구워주시던
그리운 시절
플루트 악기의 고마운 사랑이 내린다

제 2 부

사랑의 한마당

서울 하늘색 · 1

나는 가을을 사랑한다
사람이 되어 하양 분필 글씨와
초가을 햇살
습작기 나의 시 제목은?
〈가을에〉
'나는 이슬 내리는 이 길을 돌아서야만 한다'

어린 별들의 물음
비록 슬픔이 기다리고 있을지라도
나는 만나야 한다
하얀 새 춤추며 떠난
역사의 어두운 기록 넘어
사계절 서울 하늘색
내가 간직할 사람 생각

남으로 가슴 열린 서울
사람의 하늘 우러러본다

서울 하늘색 · 2

경기도 촌동네였던
푸른 계곡 거느린 산 아래
아름다움 만드는 커다란 집 앞에서
사람의 하늘을 본다. 고전과 맑고 푸른
강남(江南) 서초(瑞草) 마을 생명의 집

한강 건너 삼각산(三角山) 높은 봉 기상
캠퍼스 맑은 선률, 다시 머리를 들면
파아란 서울 하늘색 퍼지다
하늘, 땅, 물, 젊음의 천지(天地)
대학도서관 앞 뜰 줄지어 서 있다
"지구를 지켜 주세요!"
푯대를 두 손으로 받쳐들고 목소리 높인다

옛 마을에서 잃었던 파아란 하늘 더 짙은
사랑은 사람이 사람을 생각하는 것
참 기분 좋은 날.

서울 하늘색 · 3

길이 막히던 시절이었다
추운 겨울날
가고 싶어 가는 길이 아니었다
가고 싶지 않아도
가야하는 길이여!
죽은 자들의 푸른 목마른 목소리 뒤로한 채
돌아보면
산하는 넓은 포충망이 펼쳐져 있다
방공호를 나와 무서움을 넘어
경기도 용인 모현면 얼음 벌판
빈 팽이채 들고 서성이는 내 열 살
머리 위 약간의 기울기로 바라본
서울 하늘색
"붉은 악마. 푸른 천사", 내 즐겨 펼쳐 보는
새 국어사전 표지 제목
서울 하늘색 글씨
지하철 강남역 새 공사장 벽에 전시해
깜짝 놀라던
친구들과 춘천 다녀와 보니
철거되어 서운한 내 마음의 색!

서울하늘색 · 4

- 남으로 가슴 열린 서울

어느 날 저녁 대학 도서관
앞뜰에 여대생들이 줄지어 서 있다
반가움에 "티파니의 아침"을 아느냐? 묻자
"지구를 살려주세요!"
수줍은 듯 애타는 듯 목소리를 높인다
오랜만에 참 기분좋은
밝은사회 형제의 집이 있구나

하늘이 훤히 트인 날
예술의 큰집이 손짓한다
아름다운 고전과 맑고 푸른
60킬로미터 안전시속의 이미지
삼각형과 타원형으로 설계된
서초(瑞草)마을 화음의 전당이 여기 있구나
어머니 나라가 준 목소리들이
꿈의 그늘집에서 평화를 노래한다
"우리는 지구마을 인류 한가족
서로 돕고 신뢰하여 밝음을 찾자"

서울하늘색 · 5
- 서초동(瑞草洞) 편지 읽기

비취빛 하늘 이고 걷던 길엔
우리가 심은
코스모스가
무리지어 하늘거렸어요
개구리 울음이 한창이고
흙내음 풍기던 그 길…
이젠, 시멘트 가루 휘날리고 꽉 닫힌 창문들,

하늘 가리는 여러 색깔 벽들이 사열을 해요.
어린 시절 꿈이 부딪힐 것만 같아 걱정이군요.

돌아오는 길에
어른들이 미운 생각이 들었어요.
한강 제3교 아래 강물도 마냥
얄미운 곡조로만 그렇게만 흔들어대고.

(1978 〈새가 내게 와서〉)

서울 하늘색 · 6

눈이 내리다가 다시 오른다
풀밭에서 벌판을 거쳐
하늘로 하늘로 춤추며
무우꽃 연초록 꽃 솟아오르는
내 방 창문 앞에서
남향으로 고속도로 바라보면
첫눈이 내린다
〈눈의 추적〉을 쓰던 대학 시절과
'〈눈이 내리는 너의 목소리에〉'를 읊던
학우 이성부 시인과
눈 내린 아침 밤을 구워주시던 아버지와
새롭게 더 새롭게
가훈 끝에 적어주시던 일과
어머니.
나는 고아가 아니다
〈즐거운 나의 집〉, 고향생각으로 뒤척이게 한 때
예술의 전당 콘서트홀에 달려가
아름다운 오페라 아리아
'〈그리운 이름이여〉, 〈울지마오! 나를 고향으로…〉'

그보다 전에 이미 나는 그의 노래를 들었다.
나의 어머니가 가르쳐 준, 〈즐거운 나의 집〉이었다.
어머니는 나에게 편지를 보내셨지.
마치 나의 아내가 아들에게 말하듯이.

내 마음의 편지

어머니는 네가 자랑이며 힘이다.
네가 그동안 얼마나 열심히 살았는지 안다.
네 아내와 아이들과 행복하게
즐겁게 살기를 바라는 마음에는 변함이 없다.
구순하게 지내라.
잘 안되겠지만,
마음을 조금 가라앉혀 보거라.
어머니 생각에는 네가 앞으로 할 일도 많고,
사회 일도 충실히 해야하는
훌륭한 사람이 되기 위하여 말이다.
당당하고 씩씩한 사람이 됐으면 좋겠다.
이 세상은 너의 것이다.
늘 건강에 조심하고 잘 지내기를 빈다.
어머니는 너를 믿는다.
너의 앞날에 행운이 함께 하기를 빈다.

서울 하늘색 · 7

12시에 낮달이 구름 틈새로
민들레 꽃씨
눈처럼 나부낀다. 뻐꾹새도
수복주 한잔 올리고 돌아서자
하늘색 꽃비
평택 서정리 부대찌게 앞에서
30도 높이로 바라보는 하늘

서정리역 구름다리 아래서 동북쪽 서울 하늘색
반세기 살아온 곳
살던 곳 그리워 반세기
바라보며 그리는 곳

남으로 열린 청계천에서 여럿이서 바라보는
인사동쪽
용인서 한강 건너 바라보는
북녘 서울 하늘색

우리가 살아야 할 생명

지하철역을 나오니 '불가마' 라는 간판이 눈에 띄었다
내가 가는 곳은 목욕탕인데…

한증막은 어디 있는 줄 모르고
사우나는 왠지 발음이 이상하고
찜질방은 뜨거울 테니까,
죽으면 어련히 갈까 봐 미리 갈 필요 없어서.

2011년에는 정말 무서운 책을 읽었다.
〈벼락을 맞았습니다〉(나를 살리신 하느님):
글로리아 폴로 오르티츠 씀, 차 베네딕토 옮김).
펴낸이(하 안토니오 몬시뇰)는,
수천 명의 청중이 그녀 안에서 드러난
하느님의 자비로운 섭리에 큰 감명을 받고
눈물을 흘렸습니다…

나는 천천히 읽어나갔다.

수덕사

-김일엽 스님 뵙던

1963년 가을날 아침, 학우와 둘이 수덕사에 갔다
초입 작은 방에 혼자 계셨다
신문을 읽으시고 라디오도 들으시어서인지
세상 소식에 밝으셨다
엊그제 김활란 이화여대 총장께서 다녀가셨다시며
그분에게 들려준 얘기를 하신다
'세계 여러나라에서 한국의 여성, 하면 〈김활란〉 알려졌는데
그 자신은 가슴에 원(圓) 하나
간직한 게 없어 허전하다' 고.
그것을, 그 말을 간직하라고 일러주셨다고.

김일엽 스님의 산문집이 나왔는데,
《청춘을 불사르고》 제목은,
원래 《청춘을 불사르려고》로 했는데
출판사에서 그리 바꾸었다시며, 쓴웃음을 지으신다
수덕사 뒷산 걸어올라 서해와 예산 평야를 바라보다.

수덕사에 가다

아침 9시, 서울역에서 열차에 오르다

1960학번 문리과대학 국어국문학과 학생 30여 명 왔는데

출발 직전에 노강 박노춘 선생님 앞으로

월하 이태극 선생님(이화여대, 국문과, 시조문학 주간)이 나타나시다.

내가 인사를 드리다

(나는 시조문학 대학. 일반부에 입상한 바 있고, 얼마 전에는

고영(공석하) 군과 창신동→아현동 이사하신 댁에 다녀왔는데

기억하실지 몰라. 그날 도배도 같이 해드리고 저녁도 셋이 했는데).

저녁에 회식에 참석하고 잠이 들다.

아침, 개울에 가서 세수 하려는데, 여학생들이 본체만체 한다.

(그중 한 학생이 저희들끼리 하는 말인지

남학생과는 말하지 않기로 정했다고.)

조심해야지.

우리가 사랑해야 할 사랑 · 1

우연이란 무엇보다 무겁지 않아서 좋다
엷은 미소로… 같이 서기는 저어한다해도
목소리도 없이 헤어졌을 때
다시 바라볼 수 있어서.

마주침이란 더욱 반가운 미소
생각 않던 시간에 다가와
웃으며 목소리를 들려주었을 때.
우리 젊은 시절
맨발이라며 낯을 붉히는 소녀처럼
오빠가 바지를 입으라 했다며
어른들께 걱정드릴까 조심스럽다는

이제와 영원히 하늘의 그분은
우리가 사랑해야 할 사랑

우리가 사랑해야 할 사랑 · 2

엊그제 꿈 속에서 만난 고향 들판
상냥한 제목인 듯 내 곁에 다가오는 전설
하느님은 헤어짐이란 굴레로 움추리게 하시는가
스스로 떠남은 드물지만
눈부신 헛기운으로 찾는 이도 있다지만,
돌아보는 그리움의 시절

내 누이동생의 쾌활한 친구는
토요일 정오 지나 그의 외할머니 뵈러
경춘 국도에 나왔다.
그녀의 옆을 빗겨가던 어설픈 전쟁이
나무토막 하나 내려져 정신을 잃었다고.
눈물도 모르던,
반세기가 지난 기억, 그때 망설이던 이 미련
하느님은 오늘 새벽 나를 깨우시나
우리가 사랑해야 할 사랑
꿈길에서 일깨우시나.

(『경희문학』 2013. 11. 제27집)

사랑의 한마당

--홍문완 선생 옆에

1.
맑은 아침 가족 한마당
속초, 울산바위 아래 수영장 다녀오니
손전화가 웃고 있네
'신 시인, 문예지 고맙게 받았소.
새해 복 많이 받으십시오. 문완 올림
12/31 3:10 PM'

고황산 아래서 만나
함께 산에 오르고.
여러 가족이 하조대에서 지내던 기억
밝은사회 활동,
〈평화의 노래〉 합창하던 날이 그립다
〈민주시민〉 책자도 화제가 되었지.
자전거로 국토순례 하던 자랑스런 사나이

2.

젊은시절엔 백령도에서 국어과 교사로
소풍 날 교장 선생님의 따님을 만난 것은
참 좋은 일
자연의 대재앙으로 분분할 때
세상이 혼란한 시대에도
추운 겨울 헤치고 온 목련처럼
우리의 삶,
사랑의 한마당으로 가는 길을 나는 안다

거문도 새벽에

새벽에 문인산악회 일행이 서울을 떠나
여수에서 초쾌속선을 타고
검푸른 물결 헤치며 닿으니
거문도 뱃노래가 저녁에 울렸다
꽹과리, 북소리,
다른 섬에서 체육대회를 마치고 돌아온 선수들과
이곳 일하고 남아 있던 주민과
관광객이 모여들었다

늦봄에서 초여름 밤은 야릇해
일행과의 술자리를 끝내 피하던 나는 마음 바꾸어
끊었던 술을 마시기 위해 정태완 사백과 함께
길옆 다방같은 동굴같은 맥주집에서 생맥주 한잔 들었다
바다의 거품같은

새벽 0시
밤하늘의 별이 지는 것은
동이 트고 새날이 온다는.

내 추억 속에

6·25에는 양수리 다리가 비행기 폭격에 무너져
밤새워 복구작업을 했다는데
이제는 대낮에 웅장한 다리 세 개가 놓여 있다

아! 묘적사. 금곡. 천마산
내 추억 속의 양수리 다리로 건너가 양평, 여주 신륵사
무학대사, 사명대사의 발자취도 따르고 싶었다
임꺽정이 되고도 싶었다

제 3 부

내 평화의 심상

1974년 망우동 일기

고무장갑이 문들어지고 뒷창이 나도
두레박을 당겨서 샘물을 퍼내야 한다
우리들 내일로 이으기 위해
허물어라 허물어라
콘크리트 벽을 밀고 헤쳐나가자
진눈깨비는 北風과 함께 나를 달래고
거리를 누비는 지하철 공사장을 지나
아이들 기다리는 방으로 돌아가야 한다
모두들 분주히 서두르는 공중전화통 앞에서
입김나는 목소리 들으려
오늘도 동전 한 잎을 넣는다
잠든 새벽, 우리는 서둘러
언덕 넘어 공터에 모두를 묻고 돌아온다
이마를 때리는 벽바람
그러나, 아직은 구공탄이 피어나고 있는
우리의 아랫목 손발을 덥혀주고 가슴을 안아준다
손이 시린 송수화기에 동전 한 잎을 떨군다

6 · 25날

경기도 남양주군 미금면 금곡리 419번지
집 옆 지서 앞에 낯선 사람들이 웅숭그리고 있다
중년 남녀는 남루한 옷을 걸치고 있다
북쪽에서 남으로 내려온 모양이다

6 · 25 날, 일요일이었다
아침 9시 집앞 경춘가도에서 소나기가 한차례 굵게 쏟아졌다
6 · 25 다음날, 학교 운동장에서 체육을 하고 있던 오후 3시경(?)
4분의 3톤 트력 여러 대가 교문 앞을 통과, 춘천쪽으로 달렸다
"이기고 올게!" 짙푸른 군복의 외침이 들렸다
우리 학급 친구의 형도 타고 있다고 한다
17연대라는 말을 처음 들었다
그 다음날, 아침 일찍 문앞 길을 바라보았다
춘천에 갔던 추럭들이 이번에는 서울쪽으로 간다
모두 무찌르고 온다는 얘기다

다음 다음날 학교 운동장엔 인민군들의 마차가 눈에 띄이고

복도에는 붉은 만화가 남쪽을 표시하고 있었다

그때부터였을 것이다

색채에 대한 민감한 반응이 일기 시작한 것은.

9 · 28 수복

-내 열 살의 기억

방공호는 봉두메 골안말 큰댁
집 뒤에 있었다
낮은 山, 밤나무와 싸리나무, 참나무들이 있는 야산과 이어졌다
저녁은 먹었는지 모른다
아니, 먹지 않았을 것이다.
방공호 안에는 10여 명의 사람들이 쪼그리고 앉아 있었다
나의 아버지 어머니 동생들은 안두리에 있다
할아버지와 큰댁 식구들은 밤뒤(율석리 정형모 교장 선생님의 형님 댁에 계시었다고 나중에 들음.)
오늘 낮에 큰댁 형수님 따라 안두리에 갔다가 뵙고 다시 형수님과
그곳에서 남쪽으로 오리길은 되는 봉두메로 오게 되었다. 오는 길에 야산에서
땅을 파고 있는 인민군들을 보았다(태연하게 얼굴을 하고 걸었다)
그러니까 우리 식구는 나 혼자다
나한테 말을 거는 사람은 없다

밤 12시쯤 되었을 거다
5리 밖 국군 쪽에서 총소리가 났다
해질모루, 축동 밖 점점 가까이에서 들렸다
땅땅땅, 따쿵 따쿵
당 땅 탕, 따따따
계속 콩볶는 소리다
조용히 귀를 귀울이고 있을 때다
1소대 1소대! 누가 불렀다
2중대 2중대 처음 듣는 소리다
이튿날 아침 동이 텄다
밖에 나왔다 온 사람 말이 국군이 드디어 왔다는 것이다
(3개월 만에 나타난 것이다)
우리는 나갔다
대청마루에 국군 대위 한 사람이 있었다
(가마솥을 마당에 내다 걸고 밥을 하고
뒷동산으로 나르고 하는 모양이었다)

내 平和의 心像

6·25는 해 봤어도
1·4 후퇴 안 해 본 사람은 모르는
어느 어른들 중엔 지금도
싸우자 싸우자 우리끼리 싸우자, 하지만
1·4 후퇴는 해 봤어도
포충망(포위망) 속에서 갇혀보지 못한 사람은 모르는
민족지성 외치는 예비지성 후보생이나
거대한 歷史, 장군, 큰 거 좋아하는
아무리 좋은 이미지로 시를 써…
기막히게 쓰는 사람도
한강 다리 아래 여인의 다리 아래
배 떠나가는 유람선 떠도는
이야기화

지하철 타고 서울구경 한바퀴 하는
사랑法을 쓴다든가
꽃을 연구하는 유전학자나
첨단과학이나 형이상학만 부르짖는 자나
영화감상이나 음악 무용 예술 잡동사니를
내세워도
불란서에 가서 박물관 복도를 쏘다녀도
라스베가스에 다녀와도
썩어버릴 이름 하나

요산골 가는 길

김양서 폭격하는데
우리는 걷다가 길이 막혀 모현면 산밑 초가에 들었다
양주에서 온 여러 집안이 이 마을 여러 곳에 묵게 되었다
며칠 뒤 중공군이 뒷산에 둥지를 틀었다
나는 보았다
얼음 깔린 논에서 놀다가 산에 오르다
방공호 속에 그들이 있는 걸
며칠 뒤 한밤중에 마리아 같은 여인이 우리 방에 들어와
전황을 알려주었다

다음날 저녁 무렵,
우리 가족은 두 차례에 걸쳐 무내미 언덕을 넘었다
하루 밤을 지나 송전을 거쳐 요산골로 접어들었다
국군을 만나고
아버지 친구분(서한태 씨)의 안내로 공회당에서 지내게 되었다

참 좋은 동네, 좋은 동네 사람들.
아버지와 나는 뒷동산에 올라 약초를 캐고
동생과 송전까지 나가 구경하고
정월 대보름에는 민속놀이에도 참가하였다.
안성으로 가기 전 이야기.

산책길에 · 2

연원마을로 온 지 얼마 뒤 길 건너
개울가에 있는 절에 가 보기로 하였다
내리막 둔덕 아래에
붉은 카펫의 자전거 도로가 나왔다
내려가다가 아뿔사 아내가 넘어질 뻔했다
발목이 시리다면서 스스로 주무르더니 그냥 걸어가자고 한다
절 앞에 이르니 매우 큰 건물인데 문이 잠겨 있고,
무슨 춤(승무)을 전수하는 곳인 모양이다
지나쳐서 숲 속 길로 들어갔다

꿈 속같이
소나무가 우거진 숲 속에 농막(농장)이 있다
산림을 키우는 곳이다
이 주위에는 스며드는 푸른 바람과 하양 햇살, 한 사람도 없다

가로 세로로 나 있는 길 중에 북쪽으로 쭉 걸어가 보기로 했다

서쪽으로는 경부고속도로

차량들이 기분좋게 상·하행 하고 있다

한참 배회하다가 둘은 다시 돌아가기로 한다

산책길에 · 3

삼거리에 있는 구성 외과에 가서 진찰을 받은 아내.
골다공증이 되지 않기 위해 치료를 받으러 다녔다
래미안(來美安) 아파트에 문을 연 스포츠 센터회원으로 가입,
수영을 시작, 아침부터 저녁까지 스쿠알랜을.
하루 아침에 나는 외손자 손녀를 돌보게 된다
오늘은 아파트 유리창 밖을 내다보면
저 아래 개울 건너의 그 절이 서 있고
이번에는 꽃등을 달고 휘황찬란한데
얼마 있으면 절 옆으로 지하철 역이 들어오게 되고
나는 아이들과 산책하고.

진도 소포마을

맑은 물,
진도에 살고 싶어
그 중에도 소포리
예전에 봄동 만나
진도를 떠올리다가
아름다운 보배섬 와보니
더욱 훌륭한 고장임을 느끼었다
진도 소포 검정쌀
구수한 숭늉맛이 난다
솥바닥에 눌어붙은 누룽지 향기
친환경 재배의 보람이다
신비의 바닷길
아낙네들의 민속놀이
인심이 좋아서
자연스럽게 부르는 동네 노래가 멋있다
세방낙조 즐기며
여러 해 전에 나의 은사님이 읊으신 이곳
한국의 보배섬 진도에 나도 살고 싶어

사랑해야 할 말씀

詩가 시인만의 것이 아니듯
政治 또한 그들만의 것이 아니다
시를 보다 넓게 퍼지게 하고
정치를 많은 사람들이 향유할 수 있게 해야
지금 우리 시는 매우 불형평한
여기 우리 정치는 투박한 말씀상태에 머물고 있음에.

人間이 창조한 것 세 가지 가운데
하나가 株式會社라고 한다
宗教에다 주식회사를 붙이는 사람은
독일에 많은 것 같은데 투박한 발음을 한다
투박한 말을 쓰면서 哲學은 몰라도
詩 쓰기는 지극히 어려울 것이다
괴테만 빼고.

청개구리가 살아 있네

자기들끼리 만물의 영장 근처에
청개구리가 살아 있네…
아내의 말대로

나는 낮에 자고 밤에 깨어 있기를 잘 한다
텔레비전 시청하는 아내의 시간은 내가 자고
조용히 깨어 있는 나의 시간은 아내가 자는 시간
시간이 둘인가
지금은 고백성사 시간, 죄짓지 말자
지금 여기까지 지은 죄도 엄청난데

이산가족 상봉하는 날

어머니 말씀처럼
가끔 마음 허전할 때
내 이웃의 팔 다리가 떨어져 떠다님을 보며
마음 아파했네
지금은 나도 고아가 됐다는 걸 느끼는 아침 저녁임을,
나도 돌아가 다시 만날 날이 예비되어 있음도
당신들이 말하는 우리보다
자유보다, 평화보다
천국보다, 종교보다
영원보다
나는 다른 마음이 되고 싶다고
거짓 외쳐온 부끄러운 나날
이산가족 상봉하는 날
한글학회 어른께서 말씀하신다

모두 떠나간 자리
혼자 듣는 신문로의 저녁이 쓸쓸한데
눈물에 앞서서
'워커힐' 이 뭐냐
30년, 두 세대가 될 때까지
어째서 이 벽을 뛰어넘지 못 할까

연원마을에 살던 어느 일요일

서울서 내려와

코가 막혀 일요산행을 두 주째 못하니 아내는 반색이 아니

의아한 눈짓을

오늘 아침 8시, 등산복을 입고 배낭 메고 나서니

큰 오라버니 뵈러 가려고 정장을 했던 아내가

뜻밖인듯 산에 가냐고 묻는다

용인 연원마을에서 급행버스로 양재역에 닿으니 8:40분.

3호선 타고 고속버스 터미널에서 7호선으로 갈아타고

수락산 역에 닿으니 9:45분, 회룡역엔 10:00 정시에 닿았다.

일행을 만나 아파트 단지 들어선 회룡사 가는 길로 접어든다.

외부순환도로 다리 아래 지나서
옛 매표소에서 오른쪽 약수코스로 접어든다.
목적지에 닿아 '아이젠' 을 하고 점심을 들고
돌아오는 길은 가벼운 시간

'높은 산 깊은 골 적막한 산하
눈 내린 전선을 우리는 간다'

아침 노을

-동대문에서

내 삶을 깨우는 것은
아침마다 용마산 줄기 고운 핏빛 능선
간밤에 모처럼 찾아온 흰 눈
청계 냇가에도 반가이 머물지만,
어둔 산 너머 들판을 건너는 내 영혼
능선 위 더욱 짙은 노을쪽으로
멍하니 앉아 있으면

구순하게 지내라, 마음 상하지 마라!
우리나라 서러운 떠돌이별에로
새롭게 울려오는 말씀
세상이 쌀쌀하게 바뀔 때
마침내 무릎 꿇는 내가 싫을 때
내 눈물 함께 얼비쳐 한강으로 반짝인다

그대와의 처음 만남은 언제인가
무지갯빛보다 고운 피나는 핏빛 노을
일곱빛깔보다 고운 피나는
핏빛 짙은 내 사랑 아침 노을.

〈《산길에 그리운 이》 2005)

옛집에 가서

우이동 뒷동산에서 열린
현대시협 모임에 갔다가
돈암동에서 내려 옛집에 가 보았다
1953년 4월, 중학교에 입학하여 처음 왔던
중학생의 걸음새로 조그만 산길을 가듯
돈암초등학교 담을 끼고 오르다
바위 아래 절이 들어서고
옛 유치원 터에는 교회가 아담하게 서 있다
1953년 7월, 정전회담 소식 들려오던 그길.
돈암동을 지날 때, 문득 떠오르는 생각이 있다
계절이 바뀔 때, 쓸쓸한 시간에
나는 입속으로 노래를 중얼거린다

'조그만 산길에 흰 눈이 곱게 쌓이면
내 작은 발자욱을 영원히 남기고 싶소'
메조소프라노 김학남 님이 부른 〈눈(雪)〉이라는
(김효근 작시/작곡)

제 4 부

밝은사회 형제의 집

아름다운 날개

여학교 운동장 가에 작은 동물원이 있었는데
교련연습할 때, 연대장 학생이 차렷! 하고 구령을 부르면
공작새는 더 크게 소리를 내었어.(차렷! 하는 소리로 들렸지)
12시에만 날개를 편다는 다른 동물원과 달리
이곳에선 여학생들이 모여들기만 하면
날개를 활짝 폈지.
아름다운 날개! 그립다.
(서초구가 성동구였을 때 얘기니, 시간이 간 것을 아는 지금,
시간을 흘려보낸 내가 되어, 분명히 저녁은 아침이 아니다!)

그늘집 파랗다

오대산 내려오는 단풍길 눈빛 시리다
저기 하얀 머릿수건 두르고 일하는 여인들
홍당무 밭에서
고단하던 시절 떠올라
남은 아름다움 캐어본다

물에 씻어 가벼워진 몸 그늘에 말리다
넓은 밭 언저리 사랑스런 일년감 열매들
처음 태어나 설레는 가을 들판
버섯들의 집 나무와 옅은 안개
바람결보다 가벼운 그늘집
햇볕의 사막 넘어 풍요로운 내일

억세풀 속 들어가
더 검어진 얼굴
먼 산 바라보면 거기
작은 산봉우리 파랗다

밝은사회 형제의 집

부지런히 새벽을 두드리는 소리
휴일 아침 손자들을 위해
부엌에서 볶음밥을 만드는지

맑은 우리 가락 울리는 텅 빈 공중
아내는 저 남쪽 어느 한가한 길을 달리고 있나
보성 차밭 언덕 별빛 관측
벌교역 앞 수산시장에 들렀다가
순천 낙안 읍성 견학
송광사에서 참배하다
늦저녁 화순에 가족 함께 닿았다
별들이 별나게 많은 밤

아침이다 부엌에 아무도 없는
아내가 컴퓨터와 글쓰기를 넘어 사진 만드는
"아유, 날씨 좋다,
우리집 어쩌면 이렇게 좋아, 햇빛이"

이 아침 녹차 향긋하다, 밝음이여.

오! 고령 만대산

-고령신씨 대종보 100호 기념 축시

내 사랑 고령!
푸른 만년필로 적어보면
대가야국의 도읍지며
고령신씨의 발상지여
이곳 만대산은 동남으로 뻗어내린
백두대간의 정기가 가야산맥을 거쳐
한데 모여진 영산!
바람결에 지평이 열려 마음 설레다

내 사랑 고령!
만대산 가는 날
새벽을 깨우며 안개비 날리다
존경과 축하의 말씀 나누며
대가야의 하늘 날던 그리움으로
먼동 튼 아침마다 다가오는 말씀 꿈결같아
시처럼 맑은 목소리
역사를 바로 잇는 우리 마음

가야산과 낙동강 자연 그대로
아, 신령스런 고령이여
햇살이 반짝이더니 눈부시게 빛나네
시조공 만년유택이 영원히 우리를 맞이하신다
나라와 겨레를 위해 치선보국을 하며
베푸신 시조공의 어진 홍덕이 자손 만대에 미처
오늘날의 명문대성으로 크게 번성하였네
산세가 수려하고 온화한 명당
시조 할아버지 묘소에 절을 올리다

내 사랑 고령!
위대한 조상님 그 정신을 이어가자
무한한 긍지와 책임감을 간직하자
문학과 충효의 집안
훌륭하고 자랑스러운 후손들
감성 축제의 장으로 태어나라

(2011. 3. 25)

좋은 사람 만남의 추억

-申世薰 시인 옆에

푸른 여름철
충북 괴산 증평에서
병영 훈련하느라 많은 고생하며 그날의 영광 위해
더욱 분발함을 축원하는 말씀 새기며
우리는 같은 내무반
ROTC 2기 후보생
군우 154 육군 3221부대 학생연대 제3중대 2구대

아련히 떠오르는 비포장 가로수 길
참으로 부족한 내가
주번사관 차례가 되어
함께 애쓰고 땀흘리던 어느 날 기억
군악 소리에 더 검어진 얼굴, 축구 응원전도 즐겁게.
연병장 달밤에 나와 둘이 나눈 시어(詩語)
대학은 다르지만, 우리는 같이 책읽기 좋아하는
편운 조병화 선생님의 문하생
자존심은 아주 강하면서
부끄러움 간직한 사랑의 시학
낯선 동기를 넘어 멋진 배움의 말씀

중동부전선
2색 7각 빛나는 “이기자”부대에서
나는 포병 전방관측, 연락장교로
귀관은 보병 소대장으로 월남 자유수호 첨병이 되어
〈비에뜨남 엽서〉가
여대생들 시화전 화제로 뜨더니
내게 보내 준 혜서 읽으며 바라본 남십자성

〈늘 무더운 여름……
그러나 낙엽지는 감격에 사로잡히던 가을……〉

시 〈고지와 새〉에 간직한 사연
그대 알지.

아침 안개 걷히고 맑고 건조한 스마트 계절
작품이 문학에 이르면 시의 집은 문학관이어서
꿈 하늘 너머 자유로운 세계에 들어서듯
나의 삶은 단순하게
좋은 만남의 추억, 바라보는 그리움이게.

추억의 새

몸을 외로 쪼그려
어머니 떠나시는 시간 지켜드리지 못했어도
너희들의 체로 내게 명예를 씌워주느냐
햇볕을 많이 쬐이면 사막이 되는 걸
너희는 왜 모르느냐
보편성과 진실을 떠난 마음이
방향을 그르치게 하였구나
어머니의 날갯짓 그리며 왔지만
아름답게 한길을 걸으며
추억의 포물선에 눈길을 준다.
하늘을 보라
우리가 사랑해야 할 사랑을 보라

이제와 영원히

- 李盛夫 시인에게

새봄에 만나자는 목소리 간직하며
신갈 호수 바라본다.
바람소리 물소리가 함께 들리고,
어린 시절과 한 세대가
다가오는 그 길을
자연인의 한 사람이 걷는다.

검은 오리떼가 줄지어나가는 토요일 오후.

그가 마지막 떠난 서울 하늘색
내가 두고 갈 짙푸른 사랑
어린 아이가 손을 모으듯,
이제와 영원히!

(「경희문학」 2012, 26집)

저녁 어스름

내 중학생 시절, 토요일 오후
봉두메 고향집에 가서
밤나무 산에 오르면
할머니께서 도토리나무 아래
돗자리를 펴시고 앉아
손자의 손을 잡아보시고
머리를 쓰다듬으시며
오, 그것이! 그것이! 하며 웃으신다
숲 속 나무 잎새로 흩어지는
보랏빛 연기

초가을 무렵이면 생각 더 나는
내 중학생 시절
군용 트럭 매달려 타고 가면
저녁 어스름
풀꽃들 함께 할머니 계신 고향

(「시문학」 2013. 12. 509호)

스케치

'햇살이 눈부시게 빛나고 있습니다'

좋은 장소를 찾아 학생들은 흩어져 가지만,
어디서나 훌륭한 그림을 담을 수 있겠지
신은 그렇게 자연을 펼쳐놓아
우리에게 양식을 주려하건만,
산은 왜 높은지 아니
등산가를 위하여, 자연의 병풍으로서

성적이 우수하다는 한 학생
운동장 가에 서 있는 차량을 캔버스에 담고 있네요
풍경화답게 나무 몇 그루도 담아넣었는가
아차! 차량 두 대가 떠나가네요. 다 떠나기 전에
빨리 그려야지
현실은 자꾸 미래에 이르기에
충실해야.

침 맞던 얘기

가슴이 쑤시고 어깨가 결리나
울지 않았는데 온몸이 오슬오슬 춥다
오늘 낮에는 고깃국도 맛있게 들고 빵도 먹고
물론 꿀도 더운 물에 타서,
생식도 사장이 타 주어 마셨는데
나중에는 몸에 좋다는 약도 넘겼는데
나 왼쪽 어깨가 너무 아프다(너무는 이럴 때 쓰는 거지, 아마)
그전에는 오른쪽 어깨가 아파, 50견이라 침맞고
또 두달 전에는 60견인지 같은 자리에다
왼쪽 다리에 침 맞아, 오른쪽 어깨에 침 맞고 전기 찜질했는데

중학생 때는 예방주사도 무서워 도망다니기 일쑤였던 나
이제 침을 침 맞듯 하는구나
삶의 고개가 만만한 것이 아니구나

달맞이

내일 모레는 정월 대보름
초등학교 들기 전에는 동네 청년들을 따라
마을 뒷산에 올라
볏짚으로 만든 방망이 같은 것을 들고 달님께 인사했지
6·25 수복 후에 맹장염으로 서울대 병원에 입원하신
부주(父主)님 낳게 해달라고.

하얀 꽃

너는, 물을 마시려는
무엇을 먹으려는 너는
시골의 외딴데서 떨어져 있는 少女가 있답니다
그리운 줄도 모르고 그냥
세월을 삼키면서, 초연한 자세로 머물겠답니다
그 눈빛 하얗게 하얗게
애태울 줄도 모른답니다
정있는 목소리는 묻어둔다고
한세월 입다물었답니다

고마운 흙

망아지들이 놀던 구성읍(기흥구) 마북리
이장들은 삼거마을이라 하고
어느 주민은 연원마을을 부르기 좋아하는데
1951년에 와 묵었던 모현면 옆 동네
농촌체험장과 쉼터를 만들려고 부지를 마련,
조성 설계에 들어가 내년 봄에 개장하려
한가족같이 결속력을 다질 수 있다고.
흙의 냄새가 흙의 생명력을 일깨워주는구나

아침에 비가 내려서 깨끗하고
좋은 흙길을 걷고 싶다
숲 속 나무들은 노랗게 붉게
여러 빛깔로 물들고.

봄날

봄날 아침 너를 처음 만나던 순간
하루하루가 다르게 초록 물들어가던 생명
새로움을 발견하는 산길
너의 손길 내게 다가오던 경이
물아랫마을 희미한 추억의 저편.

꽃사과

꽃사과!
너로 하여
한시절 보내며
너는 한때의 연인을 넘어
생애 끝까지의 동반자
한 연인이 떠나면
다른 인연이 일어나듯이
이제는 너희들이 씌어주는 명예보다 빛남보다
내게는 더 위신
별빛 영롱이 기다리고 있구나
꽃사과 너로 하여.

화태도에서 향일암 가는 길에

그해 겨울 다락방
라디오에서 흐른 네 이름 같은 일기예보
이별을 생각해온 너의 모습
발음하면
먼 바다 거센 파도 취하였는데
그해 무서운 여름 말없이 헤어졌다가
찬 가을 바람 함께 만난 가족 같은
몸짓
그때, 섬기어 모시기 다 못한 내 고향 아버지 어머니
기억 속
검정 몽돌 어쩔거나
화태도를 돌아나오는 느림보 배 타고
여수에서 돌산다리 밤빛에 홀려
동백섬 보며
동백잎 따라 꽃이 빛나는
청록빛 바닷물 넘실대는 한낮
향일암 암자여

금거북 올려 보며 바위 사이사이
맴돌아 걱정 근심 감돌아
낭떠러지 아래
거북등이 서서히 사열하는 푸른 바다

하얀 바다

-스톡홀름 최 선배님께

눈과 폭풍이 몰아치는 곳을 떠나
그대 나에게 왔을 때
겸손한 목소리로 들려준 말에도
머뭇거리며 피하려 뒷걸음친 의심에 가득 찼던
내 이웃에 무관심했던 자신이었음을 고백합니다
이제 그리움
하얀 바다 생각
훌륭한 100주년 기념시화전의 제안에 대하여도
애절한 부탁에 대하여도
당신이 겪은 자서전 번역 일에도
나는 시인이 아닙니다, 나는 시를 못씁니다
그런 일을 하는 자를 싫어합니다

하면서, 거짓의 손짓한 거 고백합니다
그러니까 그게 2002년 가을이었을까요
2003년 봄이었을까요. 잊고 싶어 몇 해인지
가물거리는데 미국이민 100주년의 전 해였으니까
따져보면 알 만도 한데
그때 내 옹졸함이란 그 시대 상황 속에서

내가 끼어들 일이 아니라고 나는 그런데 참견할
존재가 못된다고 짐짓 다짐을 거듭하였습니다
그렇습니다, 나는 사람을 의심했습니다
그런 말을 듣지 않은 걸로 해달라고
오히려 나는 화를 냈지요
그러나 나는 일요일 산에 올라가서는
떠들어댔습니다

그대가 주고 간 하얀 바다를 보며
이 겨울 영하 10도가 올라간 즈음
영하 40도 되는 하얀 바다에.
파전을 좋아한 그대,
(그 나라는 파전을 구할 수 없다는)
우리 둘은 맥주를 곁들여 들고
인사동 골목 새로 생긴 커피집에 들렀지요
나의 제자를 만나고
그것 보라며, 자신의 말을 일부 따라준 걸
기뻐하던 그대.
다시 만나야 하겠지요. 글세.

제 5 부

부록

申廣浩 詩人

黃 松 文

펼칠 申자 성씨에
넓을 廣자 넓을 浩자 신광호 시인은
광활(廣闊)한 평원(平原)을 달리는 증기기관차
칙칙폭폭 칙칙폭폭—
기적소리 소리소리 지르며
대화의 광장을 종횡무진으로 치달린다.

시어(詩語)에 사통팔달인 그가
설측음(舌側音)을 내게 될 때에는
가장 먼저 내는 소리가 술—
술을 마시면 주기(酒氣)는 화부의 석탄이 되고
석탄 먹은 화통은 금세 용광로가 되어
기적소리로 좌중(座中)을 휘어잡는다.

내가 그의 고성(高聲)을 사랑하는 까닭은
보기 드문 정의(正義)의 불꽃으로
보무당당(步武堂堂) 휘날리기 때문이다.

文友들과 어울리면 참이슬 몇 잔에
기적소리 호호탕탕(浩浩蕩蕩)—
호탕하게 웃으면서, 기염을 토하면서
끝없는 평원을 시원하게 달리기 때문이다.

부귀도 그의 뜻을 어지럽히지 못하고
빈천도 그의 뜻을 움직이지 못하며
위무(威武)로도 그의 뜻을 꺾지 못하는
천지간의 호연지기를 옹호하기 때문이다.

새로운 흐름의 서정시

- 신광호 시인의 시를 읽고

박 성 철 (시인 · 문학평론가)

이제 나도 말을 해야지.
새 움트는 이른 아침,
논바닥을 덮고 있는 이슬비처럼
베개 맡을 적시는 저으기 낮은 목소리로.

-신광호, 〈노래해야지〉, 제 1연, 「現代詩學」 1978.4.

위의 시는 신광호 시인의 등단작품 중 1편으로 「現代詩學」 1978. 4월호에 발표된 〈노래해야지〉의 제1연이다. 제1시집 《고지高地와 새-1979년》에 수록. 언듯 쉽게 읽을 수 있는 그의 시 작품을 가만히 음미해 보노라면 다시 읽게 되고 또 다시 읽게 된다. 우리들 생명의 터전인 "논바닥을 덮고 있는 이슬비처럼/ 베개 맡을 적시는 저으기 낮은 목소리로" 신광호 시인은 시 쓰기를 선언하고 출발한 듯, "이슬비처럼", 또는 "저으기 낮은 목소리로" 라는 진술로서 그의 시적 성격을 표방하고 있다. 그러나 정작 그의 작품을 읽어보면 이슬비나 낮은 목소리는 그의 시의 표면구조의 모습이며 그 표면 아래는 깊이를 가늠하기 어려운 심연이 깔려 있다.

굳어진 생각,
바람에 부딛지 말고,
단 하나 간직한 거 없이
새벽 한강 두 마리 새를 바라보면
눈 녹고 얼음 풀려
겨울볕 다숩게 덮히는 가슴.

-신광호, 〈노래해야지〉, 제2연

山을 좋아하는 신광호 시인은 전문등산가라기 보다는 산행 전문가라고 할까, 그래서 신 시인은 산을 좋아하며 틈만 나면 등산을 즐기는 시인으로 알려져 있다. 실제로 그는 한국문인산악회 회장도 역임하였고 지금은 그 회의 명예회장이다.

신 시인이 산행을 즐기는 것은 산과 자연을 무척이나 친애해서이지만 또한 산행을 통하여 사람들과 함께 하는 만남의 즐거움에 더 큰 방점을 두고 있는 것 같다.

즉 산행을 통하여 정다운 사람들을 만나며 새로운 사람들과도 만나는 인연을 귀중하게 여기는, 정이 넘치는 너무나 인간적인 성정의 시인이다.

신광호 시인의 시는 세속에 물들지 않은 근원의 인간

적 정감이 온갖 사물에 반향하여 울리는 자연음과 같은 시다. 위불위(爲不爲)로서 의도적으로 문학성을 고려하지 않는 지순한 마음의 소리요 순수시이다. 사물을 바라보거나 생각에 잠길 때 흩연 영감 혹은 감흥의 활동으로 써내려가는, 그러므로 진정한 문학성을 지닌 순수시를 쓰고 있다고 하겠다.

그래서 신 시인의 시 작품에는 산행에서 쓴 시가 많으며 그러한 작품들을 통하여 고향과 조국과 자연을 사랑하고 예찬하며 동시대를 살고 있는 사람들과의 진득한 정을 그리워하는 서정성의 노래가 많다.

그의 시형식의 거침없는 무작위의 이미지 전개는 시작상의 의미상 연계를 개의치 않고. 자신이 포착한 바의 제 이미지들을 시정(詩情)의 흐름대로 다음 행으로 전개되고 있으며, 그렇게 그가 선택하는 객관상관물들이 상호별개의 것이라 하더라도 시인의 통합적 감수성을 통하여 심상에 번득 형성된 이미지들이 시 한 편에 우리의 정감에 파동치며 시적 감흥을 유감없이 증폭시켜 주고 있는 스타일이다.

그의 시는 시작(詩作)에서 문체상의 수식어의 남발과 기교를 전혀 부리지 않는다. 그의 시작의 스타일은 솔직담백 순수함의 서정성을 드러내고 있다.

그의 시는 쉽게 읽어 감동을 받으면서도 사유의 깊이와 사람의 깊은 정리를 느끼게 한다. 그가 찾아갔던 마을, 그가 올랐던 산들과 자연, 함께했던 사람들과의 정과 그들에 대한 회상, 추억, 그리움을 반추하며 썼던 시들이 독자들의 공감을 불러일으키면서 되풀이 읽게 되는 가슴에 남는 시들이다. 따라서 그는 일종의 낭만주의적 성격의 일면도 나타내고 있다고 보겠다. 낭만적 성격은 서정시의 근원적 바탕이 되기도 하며, 사실 서정시야말로 모든 시의 근원이고 시는 인간이 영육의 삶을 영위함으로서 파생되는 인격적 정서의 문화적 활동의 기본이라 하겠다. 그러므로 서정시는 모든 시의 출발이라고 말할 수 있는 것이다. 신 시인이 전적으로 서정시만을 쓰는 것은 아니지만, 그의 서정적인 성격을 보면 지난날의 리듬을 가진 서정시와는 다른 그만의 서정시를 쓰고 있다고 하겠다. 이를테면 현대시 스타일에서의 낭만주의적 서정시라고 보겠다.

신 시인이 산행을 가던 중에 김유정의 문학촌을 찾아서 쓴 작품 〈그리운 생각의 산길을 간다〉 (2006. 4. 21. 오후 2시 KBS-2TV)에서 1연에 "인연", "젊은 날에 안은 꿈", "남긴 발자욱" 등의 진술과 그 이미지들이 과거를 돌아보게 하고 그 회상 속에 머물러 그리움을 생성시키고 있는 것이다. 지극히 낭만적이다. 이처럼 신광호의 많은 시편들은 W.Wordsworth의 낭만주의에 관한 시론, "Spot of time/ 권의무의 시론"에서, 시간의 1점 또는 정지점을 인식하는 사조를 떠올리게 한다. 즉 과거의 그 마을, 그 자리, 그 시간을 돌아보며 그때의 자신과 사람들과 일을 회상하고 그리워하며 가 보고 싶어하는 것이다. 이는 사람과 고향과 인연 그리고 자연에 대한 진득한 애정과 그리움이다.

낮은 산길을 걸어가다
심심할 즈음
포도밭 시절에 머문 것 같은
방에 들러 본다

별다른 마련 없이
옛 세상 그대로
까치집처럼 짜놓은 그늘집
잠시 앉아 쉬다가 나를 만나고
바람 불어오는 길녘을 바라보면
길은 좁게 나 있고
어릴 적 섬세한 화음마저 살아온다

내 영혼의 고장을 지켜 주는
밝은 요람
천국에 이르는 아득한 길목이여
-신광호, 〈그늘집〉 (1992.10.1 〈월간 韓國詩〉 전문(全文)

고교 2년 때 부터 시를 써 온 신 시인은 그가 살아온 산천과 고향마을 등을 배경으로 인생에 대한 깊고 조용한 관조로 인정과 사랑, 그리움과 고독을 스케치하고 있다. 따라서 그의 시는 그의 진정한 인간적 품성에서 자연

스럽게 우러나오고 있다 하겠다. 아무리 시 쓰는 이론과 기술을 장인정신으로 쓴다 하더라도 그 작품이 그 사람의 인격적 품격에서 발효되어 우러나지 않으면 감동과 공감을 살 수 없으며 시혼의 감성적 유희를 느끼지 못할 것이다. 신광호의 시는 그의 완숙한 인간미에서 용솟음치는 시편들이 생애 속의 모든 현실에서 길어 올려지고 있다. 어떠한 상황마다 시적 표현을 읽어내는 시인으로 감정이나 이성의 지나치게 과장된 개입 없이 그의 고담한 성품에 감응되는 대로 순박하고 담담하고 진실성있게 알맞은 이미지들로 형상화 해내고 있다 하겠다.

위의 시 〈그늘집〉의 이미지는 골프장의 '그늘집' 에서 시골의 원두막, 또는 포도밭에 엉성하게 짜놓은 까치집 등등이다. 신 시인은 이러한 그늘집을 왜 동경할까? 세상살이의 고된 일과로 몸과 마음이 지친 인생에게 그 노동의 현장에서 더위와 지친 몸을 잠시 쉬려고 마련해 놓은 해방구다. 이 조그만 공간의 그늘과 시원한 바람 그리고 한 모금의 생수를 마시고 전원과 구름이 흘러가는 하늘을 바라보는 맛이야말로 그지없이 상쾌하고 수확의 꿈, 노동의 기쁨과 가치와 함께 사랑하는 가족들을 생각하면서 최상의 환희를 느낄 수 있을 것이다. 세상 일에 매여 사노라면 언듯언듯 찾아가고픈 생명수 같은 안식과 위안의 그늘집이 아닐 수 없다. 이는 일면 장자풍의 소요유로 유유자적한 삶의 궤적 같은 시풍으로, 그의 〈그늘집〉은 생명을 재충전하면서 현실적 고통과 고뇌를 쉬고 치유하는 모성의 옛 고향집, 나아가 "천국에 이르는 길목 같은"

이상향의 장소 이미지를 던져 주고 있는 것이다.

그리고 이 작품 또한, "잠시 앉아 쉬다가 나를 만나고/ 바람 불어오는 길녘을 바라보면/ 길은 좁게 나 있고/ 어릴 적 섬세한 화음마저 살아온다" -〈그늘집〉, 제2연 4-7행의 진술에서 유년시절의 동심의 세계의 섬세한 화음을 되살려 올릴 정도로, 전술한 바와 같이, 지난 시절의 회상에서 어떤 일(event)을 떠올려 그때의 일을 동경하고 그리움을 환기시키는 일은 다시 한 번 워즈워드의 'spot of time'의 시적 발원점 이론과 일치하는 면이 있다고 본다. 이러한 신 시인의 경향은, "초여름 무렵이면 / 고향 그리워/ 중학생 아이와 강촌에 간다." -신광호, 〈고향 그리워〉(「서울우유」 196호, 1984. 2) 제1연과 같이 그의 여러 편의 초기 시에서 찾아볼 수 있다.

이상 신 시인의 몇 편의 시의 서정성과 낭만적 성격을 집어보았다. 이제 경륜과 더불어 그의 성숙기의 많은 시편들을 어떻게 읽을지 관심과 연구의 대상이 되리라 생각하며 신 시인에 대한 단견의 시 읽기를 맺는다.

[연 보]

신 광 호(申 廣 浩)

1940년 10월 20일 경기 남양주시에서 태어나

금곡초등학교, 경동중, 성동공고 건축과 졸업

1964년 경희대 국문학과 졸업

육군 소위(포병) 임관, ROTC 제2기

1982년 경희대 교육대학원 교육학 석사

1978년 '현대시학' 시 추천완료(조병화 선생 추천)

1960년 '시조문학'사 주최 대학 일반부 3석

1953년 경기도지사상 수상

1991년 경희문학상, 1994년 자유시인상

2006년 한국문인산악회 산문학상

2000년 UN NGO 밝은사회 국제클럽 한국본부 공로상

2000년 서울시 교원단체연합회 교육공로 표창

경희학원장 표창

대통령 표창 등 수상

2003년 경희문인회장·경희대 총장 공로 표창

1966년 「한국철도」 기자

1968년 4월 이봉우와 상면 결혼(부 이종덕)

1968년 한국표준협회(KSA) 편집과장대리

1969년 아들 인수 태어나다

1970년 딸 연수 태어나다

1971년 시사통신 기자

1973년 3월~1979년 8월 경복여상 교사

1979년 9월~2000년 8월 경희중고교 교사

1980년~UN NGO 밝은사회 한국본부회원,
우주클럽 회장 역임

1980년~경희문인회 총무, 경희문학 편집위원,
주간 (현)자문위원

1979년~한국문협 시분과 회원, 대의원, 문단윤리위원,
선거관리위원, 홍보위원,
대외협력위 간사 역임

1982년 서울특별시 교육위원회 주최 중·고교 문예
백일장 심사위원, 「중등문예」 편집위원

1982년~한국현대시협회원, 이사, 감사(3차 역임)
지도위원.

1983년 2월 1천만 이산가족 재회추진위원회 결성대회 참가.

한국자유시인협회 이사 역임.

한국기자협회 명예회원.

1989년 한국문인산악회 입회, 부회장, 회장 역임. (현) 고문

1991년 한국문인협회 제2회 해외문학 심포지움(연길, 북경, 백두산, 두만강 경유) 참가

1991년 한국가곡 작사가협회 감사

1992년 국제펜 한국본부 감사(2차 역임),

남북문학교류 특별위원

임원선거관리위원 역임. (현)자문위원

1999년~동대문 문인협회 창립위원, 부회장

2002년~2008년 성동문협 부회장, 성동문단 편집주간 역임.

「통일문학」 창간호 기획특집 〈비무장지대 DMZ 추억〉 발표

2003년~AK PLAZA 수원점 문화아카데미 출강

2001년 7월~현재 문예비전 편집주간

시집 《고지와 새》(1979) 삼조사

《새가 내게 와서》(1985) 월간문학사

《내 기억 속의 푸른 사랑》(1992) 혜화당

《꿈의 그늘집》(2000) 뿌리

《산길에 그리운 이》(2005) 진실한 사람들

《티파니 하늘색》(2010) 진실한 사람들

《우리가 사랑해야 할 사랑》(2014) 진실한 사람들

시선집 《무지개와 풀밭》(1994) 경원

산문집 《학해춘추》(1992), 문예사조

산문집 《푸른 사랑》(1997) 문예사조

논문집 〈한국 현대시와 꽃의 심상 연구〉(1982) 경희대 출판국

신광호 시집

우리가 사랑해야 할 사랑

1판 1쇄 인쇄/ 2014년 9월 20일
1판 1쇄 발행/ 2014년 9월 25일

지은이/ 신 광 호
펴낸이/ 김 주 안
펴낸곳/ 도서출판 진실한 사람들
주소/ 서울특별시 종로구 삼일대로 457 수운회관 713호 (경운동)
Tel/ 02-730-3046~7
Fax/ 02-730-3048
E-mail/ munvi22@hanmail.net
Home Page/ www.munvi.com
등록번호/ 제300-2003-210호
ISBN/ 978-89-91905-59-7

값 8,000원